Groupe d'édition la courte échelle inc.
Division la courte échelle
4388, rue Saint-Denis, bureau 315
Montréal (Québec) H2J 2L1
www.courteechelle.com

Révision : Hélène Ricard

Dépôt légal, 4e trimestre 2012
Bibliothèque nationale du Québec

Inspiré de la websérie *Juliette en direct*, produite par Passez Go
et diffusée par Télé-Québec.

Le Groupe d'édition la courte échelle reconnaît l'aide financière du gouvernement du Canada pour ses activités d'édition. Le Groupe d'édition la courte échelle est aussi inscrit au programme de subvention globale du Conseil des arts du Canada et reçoit l'appui du gouvernement du Québec par l'intermédiaire de la SODEC.

Le Groupe d'édition la courte échelle bénéficie également du Programme de crédit d'impôt pour l'édition de livres — Gestion SODEC — du gouvernement du Québec.

Financé par le gouvernement du Canada | Canada

Catalogage avant publication de Bibliothèque et Archives nationales du Québec et Bibliothèque et Archives Canada

DeMuy, Yvan
Juliette en direct
Sommaire : t. 1. L'abominable montagne — t. 2. La course de boîtes à savon.
Pour enfants de 6 ans et plus.
ISBN 978-2-89695-179-6 (v. 1)
ISBN 978-2-89695-380-6 (v. 2)
I. Benoit, Mathieu. II. Titre. III. Titre : L'abominable montagne. IV. Titre : La course de boîtes à savon.

PS8557.E482J84 2012 jC843'.6 C2012-941308-9
PS9557.E482J84 2012

Imprimé au Canada

Yvan DeMuy

Juliette
EN DIRECT

tome 2

La course de boîtes à savon

Illustrations de
Mathieu Benoit

la courte échelle

À Vicky, Marie-Claude et Félix,
des Productions Passez Go.

Mon univers

Juliette

Tout le monde m'appelle Juju. Je ne suis jamais à court d'idées pour m'amuser ! Tannante ? Moi ? Nooooooon ! Aussi, maman me manque beaucoup, mais je suis sûre qu'elle veille sur moi de là-haut.

Denis Bolduc, mon toutou préféré

Quand j'ai rencontré mon chauffeur d'autobus, Denis Bolduc, je trouvais qu'il lui ressemblait. Je l'ai donc baptisé du même nom ! Il est arrivé pour mon anniversaire de cinq ans. C'est maman qui l'a fabriqué.

Louis,
mon papa

Papou est pâtissier (miam !). Il aime manger de la pizza devant un film, regarder le hockey à la télé et... écouter de l'opéra (beurk !). Ce qui est le plus important pour lui ? Le bonheur de ses filles : Jess et moi !

Hubert,
mon meilleur ami

Il est toujours prêt à me suivre dans mes aventures. C'est un sacré gourmand, il adore les biscuits. Hubert est un peu maladroit, mais tout le monde le trouve rigolo !

Jessica,
ma sœur

Elle est experte en chialage. Mais bon, elle est super-gentille. Jess aime écouter sa musique et écrire dans son journal intime. Moins ça bouge, plus elle aime ça ! Je suis vraiment chanceuse de l'avoir !

Chapitre 1

Une super-méga bonne nouvelle

Dès la fin des classes, je file à toute vitesse afin d'aller annoncer la bonne nouvelle à papa et à Jessica ! Pour gagner du temps, je prends mon raccourci habituel. C'est simple, je passe par la cour du vieux monsieur grognon, j'arrive à la pente à glisser que je descends sur les fesses. Une fois en bas, je tourne à gauche, je croise Madame Candide et son chien Bouboule, je continue ma course jusqu'au prochain coin de rue, et me voilà devant une grosse enseigne en forme de croissant. Bienvenue à la pâtisserie de papa.

Étonnés de me voir arriver à bout de souffle, les clients attablés avec leur café me regardent comme si je sortais d'une boîte à surprise.

Pas de papa ni de Jess en vue. Je me précipite dans la cuisine et… BEDING-BEDANG ! Face à face avec Jess. Le plateau rempli de sandwichs et de pâtisseries qu'elle tient vole en l'air et atterrit sur le plancher et… sur son chandail blanc. Oh ! oh ! Dégât ! Gros dégât ! Pas besoin de vous dire que Jess n'est pas de bonne humeur…

— Oups ! désolée ! Je pense que je suis arrivée un peu vite.

Jess est figée sur place, et la boucane lui sort par les oreilles.

— Un peu vite ? ! Tu vois ce que tu as fait ?

— Oui, oui, je le vois. Je vais tout ramasser dans une minute. Mais pour l'instant, j'ai une super-méga bonne nouvelle pour papa et toi !

— Ta super-méga bonne nouvelle va devoir attendre. Papa est à la maison et j'ai de nouveaux sandwichs à préparer.

Après que j'ai ramassé mon dégât, Jessica retrouve un semblant de bonne humeur.

— Bon, c'est quoi, la nouvelle ?

— Ma belle Jess, tu as devant toi une pilote de boîtes à savon, qui participera à la course organisée par le club des loisirs.

— Une course de boîtes à savon ? Mais… tu n'as même pas de boîte à savon !

— Ce n'est pas grave ! J'ai le temps d'en construire une. La course a lieu seulement dimanche !

— Dimanche ! C'est dans deux jours !

Jess est convaincue que je n'arriverai pas à construire un bolide d'ici là. Bon, j'avoue que je me suis inscrite un peu à la dernière minute, mais je m'empresse de la rassurer.

— Ne t'inquiète pas ! Demain, c'est samedi, et le samedi, c'est congé, si jamais tu avais oublié ! Mais surtout, regarde bien ça.

Je fouille dans le fond de mon sac et en sors pas un, pas deux, mais trois plans de bolide que j'ai trouvés sur Internet. Ma grande sœur y jette un coup d'œil, l'air un peu découragé.

— C'est bien beau, tes plans, mais ça va te prendre de l'aide. Et ne te fie surtout pas à moi, je ne connais rien là-dedans.

— Pas de problème, Jess ! Hubert a accepté de m'aider. En plus, il va être mon copilote.

Je file au parc des Grenouilles, là où se déroulera la course, afin de retrouver Hubert. Nous avons prévu une descente d'entraînement avec sa remorque à jardin en attendant d'avoir une vraie boîte à savon.

Chapitre 2

Visite chez les... grenouilles

— Tu es certaine, Juliette, que ce n'est pas dangereux ?

Hubert a peur de son ombre ! Voir si une petite descente en remorque de jardin est dangereuse !

— Arrête de t'inquiéter, Hubert. Je vais conduire.

Je monte à l'avant, prête pour une descente ultrarapide dans la pente du parc des Grenouilles.

— Attache bien ton casque, mon Hubert ! On descend !

Une bonne poussée et nous voilà partis. Tout se passe bien, au début, la pente étant très peu inclinée à cet endroit. Puis, après une dizaine de secondes, la remorque prend de plus en plus de vitesse, et je me sens comme une championne de Formule 1. Je nous imagine dépassant un adversaire sur la gauche, un autre sur la droite, zigzaguant entre chacun des concurrents tout ébahis par la rapidité de notre bolide. J'arrive à entendre la foule qui scande « JU-LIETTE ! JU-LIETTE ! »

— J'ai peur, Juliette !

— Ne t'inquiète pas, Hubert, je conduis comme si c'était une voiture de course.

— C'est justement pour ça que j'ai peur !

Hubert trouve le moyen de faire de l'humour, même dans une situation qui demande beaucoup de concentration et où chaque geste est d'une importance capitale.

Et là, devant nous, une courbe. Je tente de tourner légèrement vers la droite, mais

une remorque à jardin, c'est difficile à diriger. Surtout quand on file à une vitesse folle ! Hubert panique !

— On va mourir !

— Mais non, Hubert. On va…

Le parc ne s'appelle pas le parc des Grenouilles pour rien. Au tournant de la courbe, il y a un étang, avec des grenouilles dedans. Ça y est, je perds le contrôle de la remorque et c'est au beau milieu de ces jolies petites bêtes que notre descente s'arrête.

Ouf ! Quelle course époustouflante !

— Allez, Hubert, sortons de là et laissons les grenouilles tranquilles. On va se construire une vraie boîte à savon.

Pauvre Hubert ! Il est tout vert, gluant, et il sent vraiment mauvais ! Comme moi, d'ailleurs ! Mais Hubert a un petit quelque chose de plus : une grenouille sur la tête et une autre dans la poche de son pantalon. Ouache !

Chapitre 3

Au travail !

Papa n'est pas content de nous voir verts et gluants de la tête aux pieds. Et ce n'est pas seulement à cause de la mauvaise odeur qu'on dégage et de la mare d'eau que nous laissons sur le plancher du salon.

— C'est très dangereux ce que vous avez fait. Vous auriez pu vous blesser !

Mais mon papou, c'est un papou en or. Quand je lui explique qu'on s'entraîne pour la course de boîtes à savon organisée par le club des loisirs, il retrouve son sourire. Car, attention les amis, papou m'apprend qu'il est un ancien champion de course de boîtes

à savon ! Il s'empresse d'aller fouiller dans son coffre à souvenirs, dans sa chambre, et en ressort avec une médaille qu'il avait gagnée à l'époque. On n'a pas besoin d'insister pour qu'il accepte de nous donner un coup de main !

Après une bonne douche, nous choisissons tous les trois un plan parmi ceux que j'ai trouvés. Ensuite, Hubert et moi avons la mission de dénicher des roues, du bois et des tiges de métal. Je sais où trouver tout ça sans problème : dans le bric-à-brac de Monsieur Gérard. Il a tout ce qu'il faut pour construire à peu près n'importe quoi, et il se fait un plaisir de nous trouver ce dont on a besoin. Pendant ce temps, papa étudie le plan afin que nous soyons prêts pour la construction de notre boîte à savon dès le lendemain matin.

Comme prévu, tout le monde est debout très tôt, car nous n'avons pas une minute

à perdre. Papa se met à la tâche pendant qu'Hubert et moi cherchons un nom original pour notre bolide.

— « Le bolide de feu » !

— Non, Hubert. J'aime mieux... « L'étincelle du matin ».

— « L'étincelle du matin » ! répète-t-il entre deux éclats de rire. Pourquoi pas « La boucane d'après-midi », un coup parti ? !

Tout à coup, « L'étincelle du matin » se transforme en feu d'artifice. J'ai trouvé : « La Denis-Bolduc mobile » ! Oui, oui, Denis-Bolduc ! Comme mon adorable, gentil et fidèle toutou ! Pas mal comme nom pour notre boîte à savon, hein ? Je suis fière de mon idée ! Et c'est une idée qui fait l'unanimité !

Le travail avance rondement. Papa est vraiment motivé et s'assure de parfaire nos connaissances sur la construction d'un véhicule de ce genre-là.

SÉCURITÉ
FRAGILE
CE CÔTÉ VERS LE HAUT
PAS PLIER
SOLIDITÉ
NE PAS

— Ça prend deux éléments de base.

Je réfléchis un instant.

— Beauté et rapidité !

— Pas du tout : sécurité et solidité !

Pour papa, la sécurité du pilote et du copilote est l'élément PRI-MOR-DIAL de la boîte à savon. Alors, soyez assurés que mon nouveau bolide aura des freins à toute épreuve. Et à moins d'une fausse manœuvre de ma part, il serait surprenant que je me retrouve à nouveau avec Hubert au milieu de l'étang aux grenouilles !

Chapitre 4

C'est le grand jour

Je trouve qu'elle est encore plus belle que je l'avais imaginée ! Jess nous a aidés, Hubert et moi, à peindre un beau Denis Bolduc sur le devant.

Quelle journée magnifique ! Je crois bien que notre bolide fait un tas de jaloux ! Presque tous les concurrents et les spectateurs viennent voir la Denis-Bolduc mobile de plus près. Il y a même des gens qui la prennent en photo.

Côté performance, tout va pour le mieux. Nous franchissons avec succès les

deux étapes de qualification, et nous voilà maintenant en grande finale.

Mais sachez que, pour l'étape ultime, la compétition s'annonce féroce. À notre droite, sur la ligne de départ, deux grands de sixième année sont dans le Serpent masqué. Ils font peur avec leurs casques de moto qui nous empêchent de voir leur visage.

À notre gauche, les gagnants de l'an dernier sont bien assis dans le Rapido express, convaincus qu'ils gagneront la course facilement cette année encore. Mais je suis bien déterminée à leur montrer ce dont la Denis-Bolduc mobile est capable. Je nous vois déjà, Hubert et moi, sur la première page du journal, fiers de notre victoire, levant bien haut le magnifique trophée remis à l'équipe gagnante.

Puis je me concentre et, suivant les conseils de papa, je visualise la piste.

— Prêt, Hubert ?

Pas de réponse d'Hubert. Il doit être caché derrière moi, mort de peur comme chaque fois, craignant pour sa vie !

— Tu as bien attaché ton casque, Hubert ?

Toujours pas de réponse. Je commence à m'inquiéter. Je me retourne : pas d'Hubert ! Je le vois arriver au pas de course, un biscuit dans la bouche et son casque attaché à l'envers sur la tête ! Un chic fou ! Il est tout essoufflé.

— Tu veux bien me dire ce que tu fais ? ! Tu as failli manquer le départ !

— Il fallait que j'aille au petit coin !

Comme si c'était le temps !

Un grand monsieur lève un drapeau bien haut. Dès qu'il le baissera, la barrière s'enlèvera et la finale de boîtes à savon sera lancée.

On compte tous ensemble : 1… 2… c'est le départ ! Wow ! Le Rapido express s'empare de la première position devant la Denis-Bolduc mobile. Mais le Serpent masqué ne

s'en laisse pas imposer, il prend le premier virage à l'intérieur et réussit à se hisser en tête de peloton. On passe tous avec succès la courbe où se trouve l'étang aux grenouilles. J'entends la foule encourager les concurrents. C'est vraiment excitant !

Nous arrivons à vive allure dans la dernière portion de la piste, et rien n'est gagné pour personne. Puis, coup de malchance, une crevaison ! Mais heureusement, pas pour la Denis-Bolduc mobile. C'est plutôt le Rapido express qui doit se ranger sur le côté de la piste, incapable de terminer sa course.

La ligne d'arrivée n'est qu'à quelques dizaines de mètres ! Nous la franchissons pratiquement en même temps que le Serpent masqué. Au bout de quelques secondes, une voix retentit dans les haut-parleurs :

— Le grand gagnant de la course de boîtes à savon est : le Serpent masqué !

Oh, zut ! Nous étions si près du but !

Je ne suis pas déçue bien longtemps, car la Denis-Bolduc mobile est nommée « Boîte à savon la plus originale » ! Je suis très heureuse de me retrouver avec Hubert sur la deuxième plus haute marche du podium, ma médaille au cou.

Jess est très fière de nous et crie : « JU-LIETTE ! HU-BERT ! JU-LIETTE ! HU-BERT ! »

Pour fêter notre belle performance, papa a préparé un gros pique-nique qu'on déguste au bord de l'étang aux grenouilles.

Pendant le repas, Hubert s'amuse à imiter un pilote de Formule 1 et zigzague entre les arbres, les fleurs et les tables du parc. Comme si ce n'était pas assez, il se met à courir sur les grosses pierres au bord de l'étang, et ce qui devait arriver arriva : il perd pied et va rejoindre les grenouilles !

Une fois de plus, Hubert est vert, gluant et il sent mauvais !

L'auteur

Yvan DeMuy travaille depuis plus de vingt ans comme éducateur spécialisé auprès des élèves en difficulté. Lorsqu'il n'aide pas les enfants, il leur écrit des histoires. Yvan est le scénariste de la websérie *Juliette en direct* et il a écrit trois épisodes pour l'émission *Théo*. Il est aussi l'auteur de la série *Magalie* aux Éditions Michel Quintin. Yvan prend un malin plaisir à raconter des histoires complètement folles à son fils avant d'aller dormir. Les animaux en peluche lui donnent un bon coup de main!

Les livres de Juliette EN DIRECT

Juliette
EN DIRECT
La course de boîtes à savon
Yvan DeMuy • Mathieu Benoit

Juliette
EN DIRECT
Le club des gestes gentils gratuits
Yvan DeMuy • Mathieu Benoit

Juliette
EN DIRECT
Un reportage... tordant !
Yvan DeMuy • Mathieu Benoit

Juliette
EN DIRECT
Le mystère du grenier
Yvan DeMuy • Mathieu Benoit

MARQUIS

Québec, Canada

FSC
www.fsc.org
MIXTE
Papier issu de
sources responsables
FSC® C103567